TOUTES LES DANSES MODERNES

ET LEURS THÉORIES COMPLÈTES

par Le Professeur D. Charles

TOME II
1ME EDITION
AVEC
37 FIGURES
DE PAS

S. BORNEMANN ÉDITEUR - PARIS

TOUTES LES

DANSES MODERNES

-:- ET -:-

LEURS THÉORIES COMPLÈTES

PAR LE PROFESSEUR

D. CHARLES

TOME II

TANGO (Nouveaux Pas)

NOUVEAU BOSTON SIMPLE

BOSTON ANGLAIS

BALTIMORE

CHARLESTON-FLATT

NEW - SLOW - FOX

....

PARIS

S. BORNEMANN, Editeur
15, Rue de Tournon

NOTA

Dans les figures, les pas du danseur et de la danseuse sont représentés ainsi :

Pas du danseur   **Pas de la danseuse**

Quand le pas de la danseuse n'est pas expliqué, c'est qu'il ne diffère pas de celui du danseur. La danseuse devra faire dans ce cas le pas inverse correspondant à celui du danseur (pieds opposés).

TANGO (NOUVEAUX PAS)

Pour les autres pas du Tango, et leurs figures n°s 1 à 32, voir Tome I.

Nouvelle Marche Argentine - (fig. 33). — *1er temps* : porter le pied droit en avant ; — *1/2 temps* ; porter le pied gauche en avant ; — *1/2 temps* : porter le pied droit légèrement à droite ; — *1/2 temps* ; porter le pied gauche en avant ; — *1/2 temps* : arrêt.

Double déboîté latéral - (fig. 34). — *1/2 temps* : porter le pied gauche en avant ; — *1/2 temps* : porter le pied droit de côté ; — *1/2 temps* : porter le pied gauche de côté. - *1/2 temps* : porter le pied droit de côté. Reprendre la marche du pied gauche.

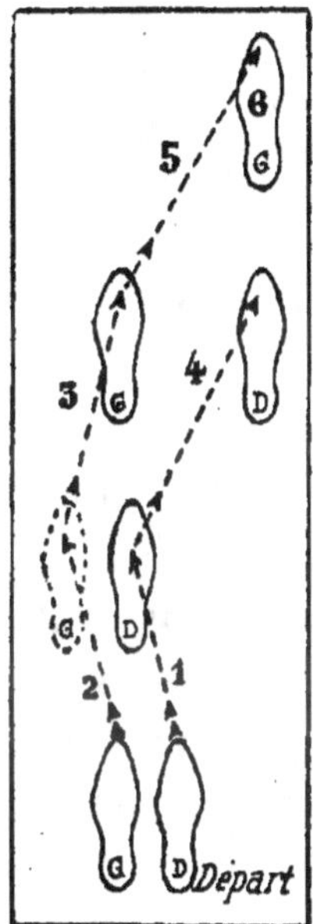

Fig. 33

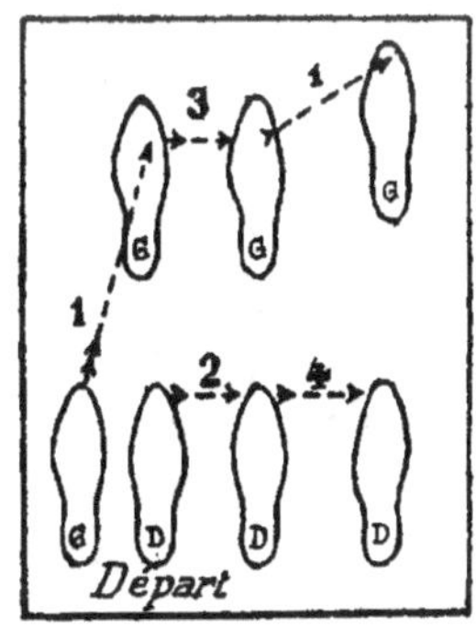

Fig. 34

Pas de fantaisie - (fig. 35). — *1/2 temps* : porter le pied gauche en avant ; — *1/2 temps* ; en tournant

d'un quart de tour à gauche, porter le pied droit de côté ; —
1/2 *temps* : faire un autre quart de tour à gauche et porter le pied droit en arrière ; — *1/2 temps* : arrêt.

La danseuse, placée devant son danseur au début, part du pied droit en arrière et termine ces deux premiers temps à côté du danseur, épaule droite à épaule droite, le pied droit en avant ;

1/2 temps - (fig. 36). — le danseur ne bouge pas, mais il fait prendre à sa danseuse appui sur son pied gauche, qui se trouve en arrière ; — *1/2 temps* : toujours sans bouger, le danseur fait tourner sa danseuse d'un quart de tour à droite, de façon à ce qu'elle se trouve en position ouverte, le pied droit en avant ; — *1 temps 1/2* : le danseur pivote lentement sur les deux pointes de pieds pour faire un demi-tour sur place. Pendant ce temps, la danseuse fait trois pas marchés de suite autour de son danseur, de façon à faire le troisième pas dans sa direction et face à lui. Reprendre la marche, le danseur du pied gauche en avant.

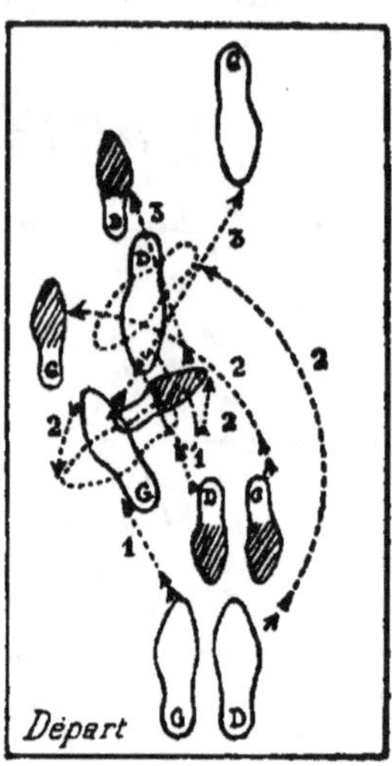

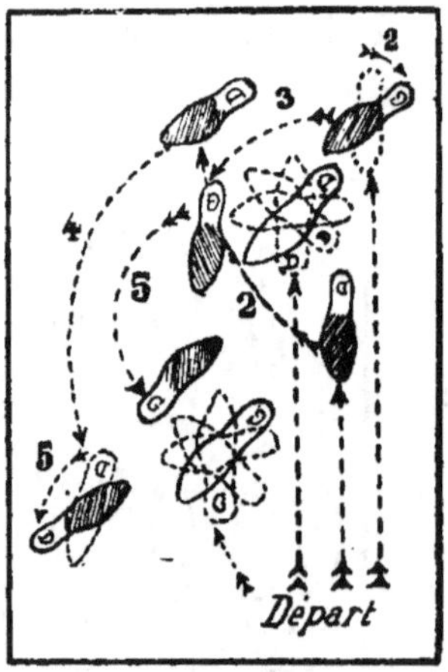

Fig. 35

Fig. 36

Pas Argentin arrière

— 4 —

tourné - (fig. 37). — *1/2 temps* : porter le pied droit en arrière ; — *1/2 temps* : porter le pied gauche de

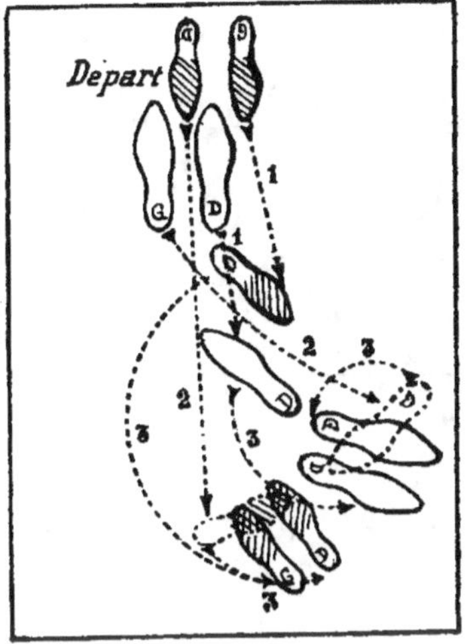

Fig. 37

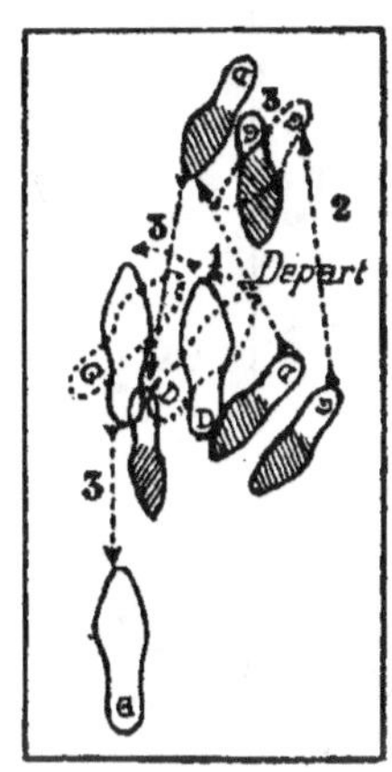

Fig. 38

côté, en tournant d'un quart de tour à gauche ; — *1 temps* : prenant appui sur le pied gauche, tourner un peu plus d'un demi-tour à gauche, en assemblant le pied droit au pied gauche. La danseuse commençant face au danseur, pied gauche en avant, finit à côté, épaule droite à épaule droite, les deux pieds joints ; — *1/2 temps* - (fig. 38) : arrêt pour le danseur, qui fait faire à sa danseuse un pas en arrière du pied droit ; — *1/2 temps* : le danseur, tournant légèrement sur les talons, fait assembler le pied gauche au droit à sa danseuse ; — *1 temps* : le danseur fait un pas arrière du pied gauche, la danseuse, revenant devant le danseur, porte le pied droit en avant, en se replaçant face à lui.

Pas de fantaisie - (fig. 39). — *1 temps* : partir en position de Promenade Argentine, porter le pied gauche à

gauche ; — *1 temps* : croiser le pied droit devant le gauche :
— *1 temps* : en tournant d'un quart de tour à droite, porter

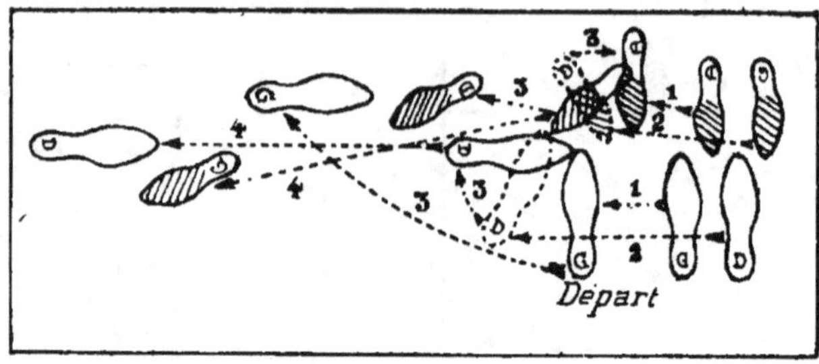

Fig. 39

e pied gauche en arrière ; — *1 temps* : porter le pied droit
en arrière ;

1 temps - (fig.
40) : faire un demi-
tour sur les deux
pointes de pied ;

1 temps - (fig.
41) : faire un deu-
xième demi-tour,
en prenant appui

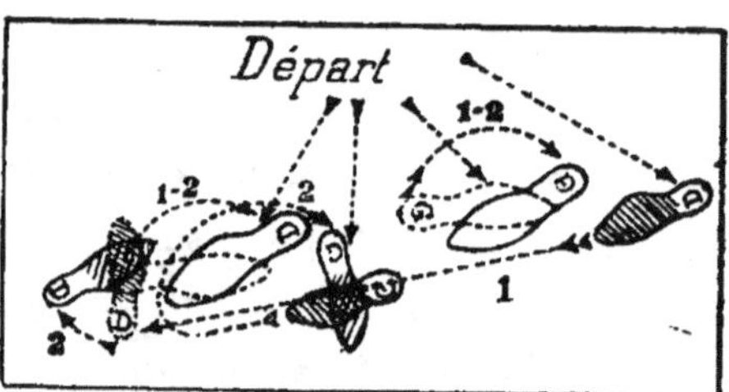

Fig. 40

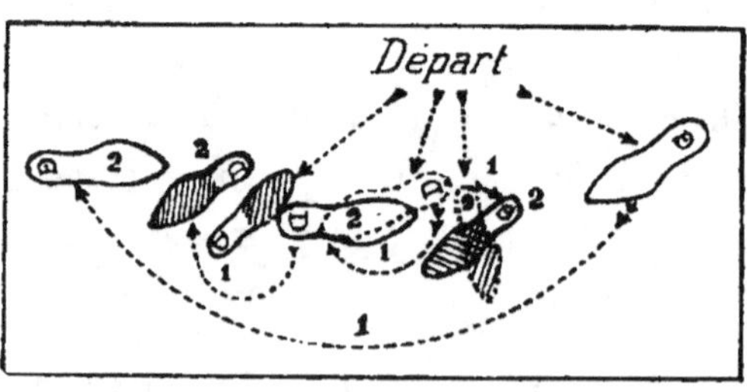

Fig. 41

sur le pied droit
et en tournant le
gauche soulevé
en arrière, en
terminant poser
le pied gauche à
terre, en prenant
appui dessus.

1/2 temps - (fig. 42) : Habanera en tournant à gauche. -
Porter le pied droit en arrière, en tournant un peu à gauche ;
— *1/2 temps* : porter le gauche en avant, toujours en tournant ; — *1 temps* : pour finir le demi-tour, porter le droit en
arrière. Pendant le cinquième temps de cette figure, la dan-

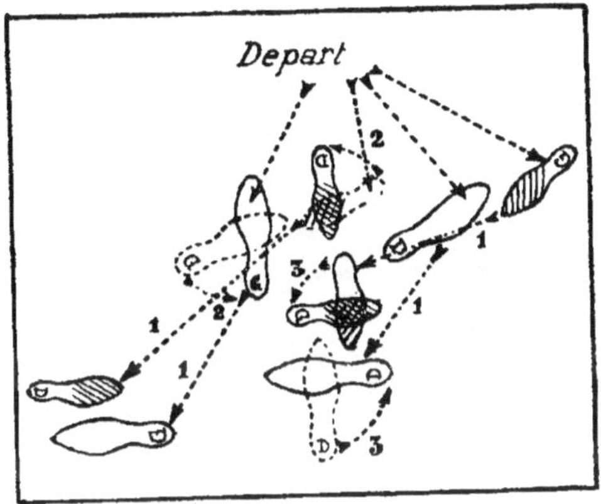

Fig. 42

seuse, en partant du pied droit en déboîté sur la droite du
danseur, fait deux pas marchés autour de lui et termine, au
6e temps, en pivotant d'un demi-tour sur le pied gauche et en
posant le droit devant, face au danseur.

Croisé Argentin - (fig. 43). — Après trois pas marchés
du pied droit, assembler le gauche au droit. — *1 temps* :
porter le pied gauche à gauche ; — *1 temps* : croiser le droit
devant le gauche ; — *1 temps* : porter le gauche à gauche, en
laissant le poids du corps sur le droit, faire un léger pivot sur
la pointe gauche ; — *1 temps* : on oblique à droite un pas du

pied gauche en déboîté, épaule gauche à épaule gauche ;
reprendre la marche en avant du droit.

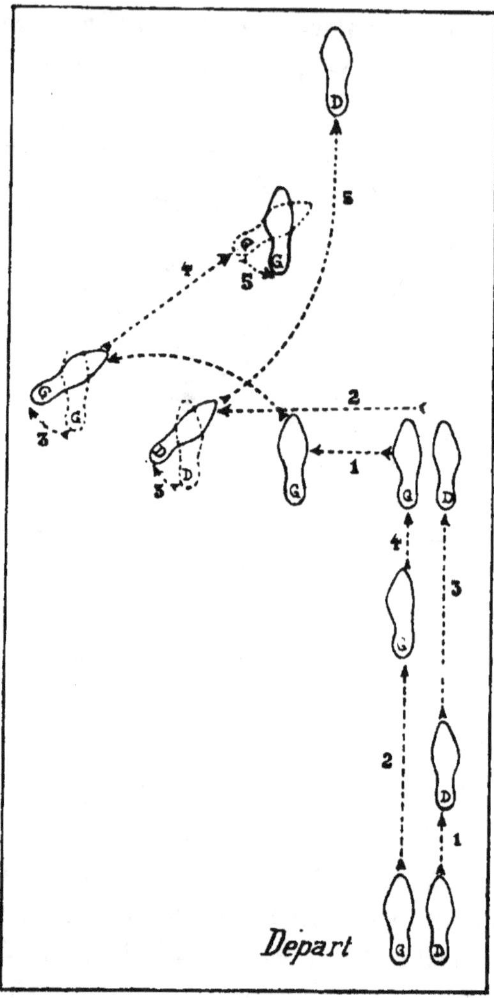

Fig. 43

Croisé Retiré - (fig. 44). — Etant face à la direction de la Danse, les deux pieds assemblés. — *1 temps* : porter le pied gauche à gauche ; — *1/2 temps* : croiser le droit devant le gauche ; — *1/2 temps* : demi-tour sur les deux pointes ; — *1 temps* : retirer le pied droit en arrière ; — *1 temps* : porter le pied gauche en arrière ; — *1/2 temps* : porter le droit en arrière ; — *1/2 temps* : porter le pied gauche de côté ; — *1 temps* : assembler le pied droit au gauche.

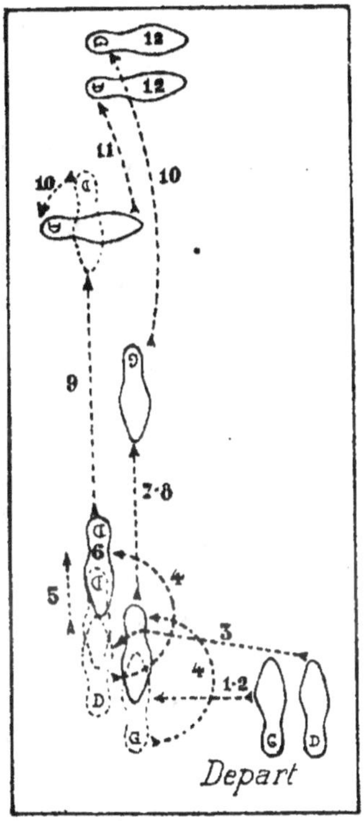

Le Tour détourné - (fig. 45). — *1 temps* : Partir en position de profil gauche à gauche ; — *1/2 temps* : face en avant un pas du pied droit ; — *1/2 temps* : un pas du gauche ; — *1 temps* : un du droit ; — *1 temps* : un pas du pied gauche en avant, en déboîté à gauche de la danseuse, épaule gauche à épaule gauche ; — *1 temps* : pivot d'un demi-tour sur le gauche et à gauche, la danseuse sur le droit ; les danseurs se retrouvent épaule droite à épaule droite ; — *1 temps* : demi-tour en pivotant à droite sur les deux pointes, la danseuse fait deux pas marchés autour de son danseur ; — *1 temps* : demi-tour sur la pointe droite, le gauche soulevé en

Fig. 44

arrière, la danseuse pivote sur le gauche et termine en posant le droit devant son danseur ;
— *1/2 temps* : dégager en portant le pied droit en arrière ;
— *1/2 temps* : un pas du gauche de côté en tournant d'un quart de tour à gauche ;
— *1 temps* : assembler le droit au gauche.

Pas de fantaisie - (fig. 46). — *1 temps* : porter le pied droit en avant ; — *1/2 temps* : un pas du gauche en avant ; — *1/2 temps* : porter le pied droit à droite; — *1 temps* : assembler le gauche au droit ; —*1/2 temps* : porter le pied gauche de côté, la pointe ouverte en tournant à gauche ; — *1/2 temps* : toujours en tournant, un pas du droit ; — *1 temps* : en terminant le demi-tour, un petit pas du pied gauche en avant ; — *1 temps* : prendre appui sur le pied droit ; — *1 temps* : porter le pied gauche en arrière, en tournant les épaules

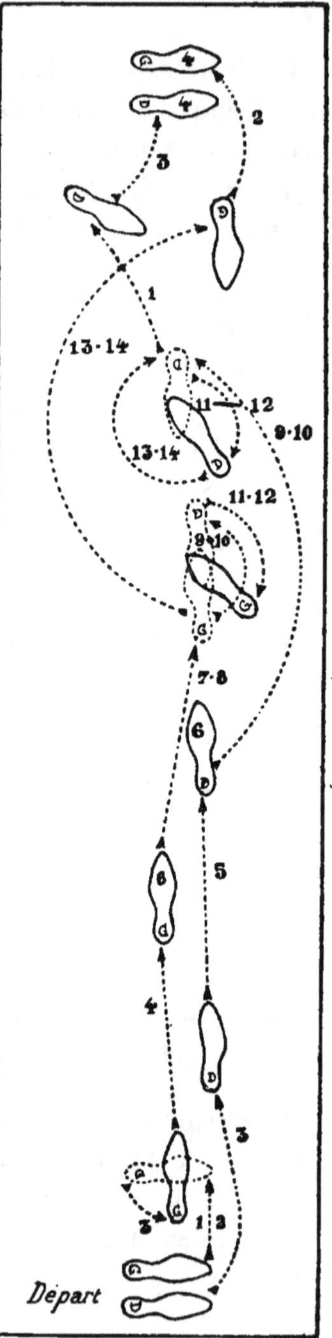

Fig. 45

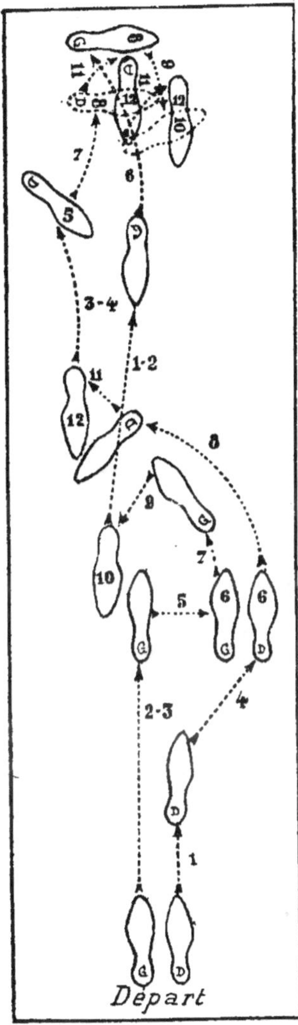

Fig. 46

à gauche ; — *1 temps* : hésitation, en glissant lentement le droit en arrière ; — *1/2 temps* : porter le pied droit en arrière ; — *1/2 temps* : en tournant à gauche d'un quart de tour, porter le gauche à gauche ; — *1 temps* ; sans assembler un pas du droit vers le gauche ; — *1 temps* : croiser le pied gauche devant le droit ; — *1 temps* : tourner d'un quart de tour à droite sur les deux pointes de pieds. Reprendre la marche du pied gauche.

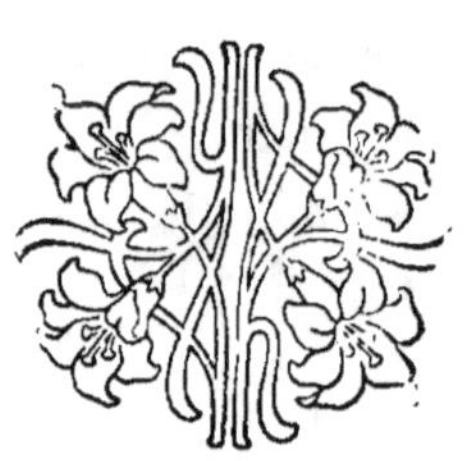

NOUVEAU BOSTON SIMPLE

Battements 140 à la Noire
Mesure à trois temps

Pas de Boston - (fig. 1). — *1er temps* : Faire un grand pas du pied droit en avant, le pied à plat ; — *2e temps* : un pas en avant du pied gauche ; — *3e temps* : assembler le pied droit à côté du gauche, les deux derniers temps en s'élevant légèrement. Recommencer avec le pied droit. Ce pas se fait en avant, en arrière, en tournant à gauche ou à droite.

Le déboîté de biais - (fig. 2), — *1er temps* : Le danseur porte le pied droit en avant et à gauche, à côté de sa danseuse, épaule droite du danseur à épaule droite de la danseuse, qui porte son pied gauche en arrière ; — *2e temps* : un pas du pied gauche en avant, toujours en déboîté. Danseuse pied droit en arrière ; — *3e temps* :

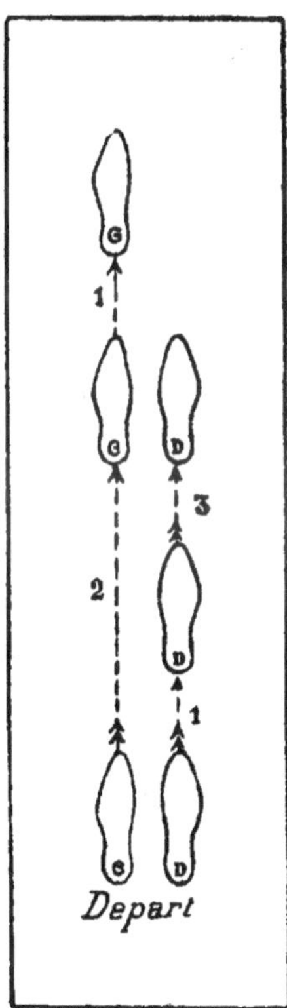

Fig. 1

assembler le pied droit au gauche, en pivotant sur le gauche d'un quart de tour à droite. La danseuse assemble son pied gauche au droit, en tournant également d'un quart de tour à

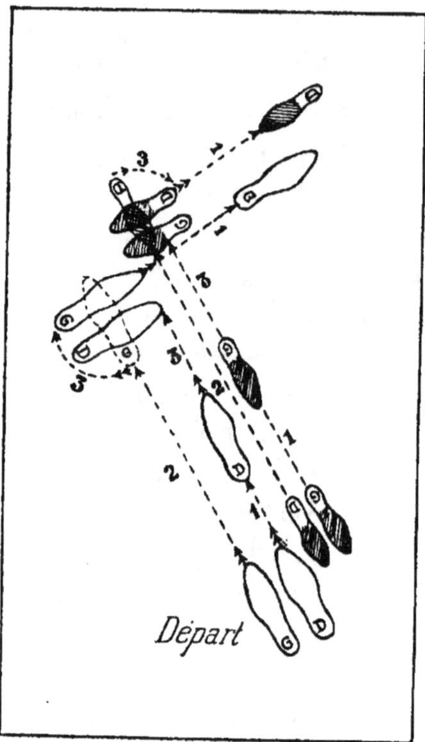

Fig. 2

droite. Le pas terminé, les danseurs se trouvent épaule gauche à épaule gauche. Le premier temps à plat, les deux autres en élévation, reprendre du pied opposé.

BOSTON ANGLAIS

Battements 140 à la Noire
Mesure à trois temps

Pas de Boston - (fig. 1). — *1er temps* : Porter le pied droit en avant d'un grand pas ; — *2e temps* : porter le pied gauche en avant, dans la direction de la danse, sur le côté droit de la danseuse ; — *3e temps* : au lieu d'assembler, porter le pied droit en avant, à côté de la danseuse, et toujours dans la direction de la danse.

1er temps : Reprendre du pied gauche en avant ; — *2e temps* : porter le pied droit en avant, sur le côté gauche de la danseuse ; — *3e temps* : un pas du pied gauche en avant, sur le côté gauche de la danseuse. Le haut du corps ne déboîte pas, il n'y a que les pieds. La danseuse fait son pas en arrière et en ligne droite, sans assembler au 3e temps.

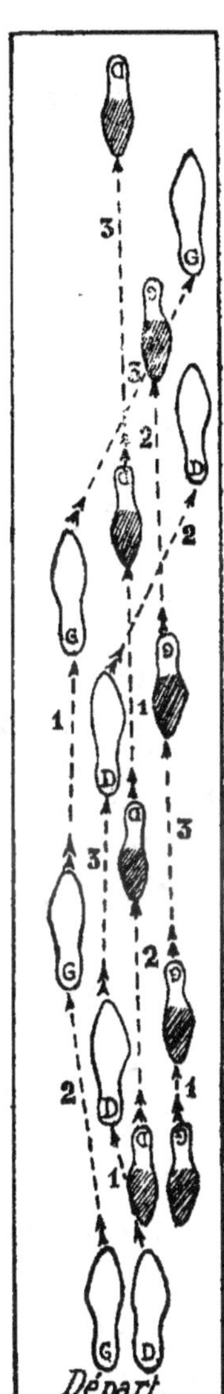

Fig. 1

LE BALTIMORE

Battements 140 à la Noire

Mesure à quatre temps

La Marche. — Marche souple à deux temps par pas.

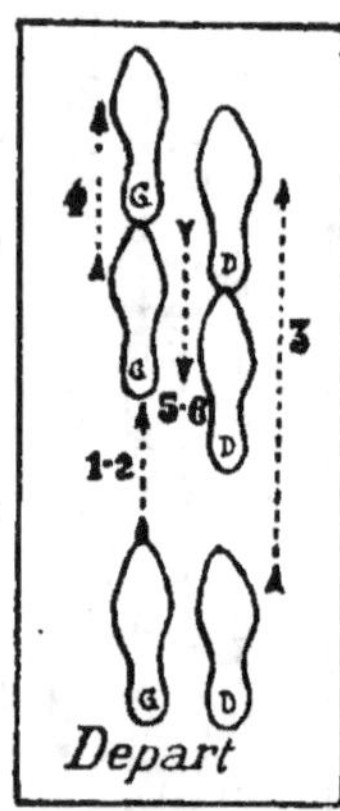

Fig. 1

Les Piétinés - (fig. 1). — *2 temps :* Un pas du pied gauche en avant ; — *1 temps :* assembler le pied droit au gauche un peu en avant ; — *1 temps :* avancer le gauche pour qu'il dépasse à son tour le droit ; — *2 temps :* retirer un peu le droit en arrière. Même pas en commençant du pied droit.

Le Rond de jambe - (fig. 2). — *1 temps :* Porter le pied gauche en avant et à gauche, la pointe ouverte. — *1 temps :* un pas du pied droit, toujours en tournant vers le centre de la salle, en position déboitée ; — *3e, 4e, 5e temps :* exécuter un rond de jambe du pied gauche d'arrière à avant et poser, au cinquième temps, le pied gauche à terre, un peu en arrière du droit ; — *6e et*

7e temps : un rond de jambe du pied droit d'avant à arrière,

en le croisant derrière le gauche, appui rapide sur le droit au *8e temps* ; — *2 temps* : reposer le gauche à terre, arrêt ; — *2 temps* : lever et reposer le droit au même endroit, reprendre la marche du pied gauche.

Le Rond de jambe avec appel - (fig. 3). — Reprendre le pas précédent jusqu'à rond de jambe du pied droit croisé derrière le gauche, en marquant des appels sur chaque pied une fois, le pied droit derrière

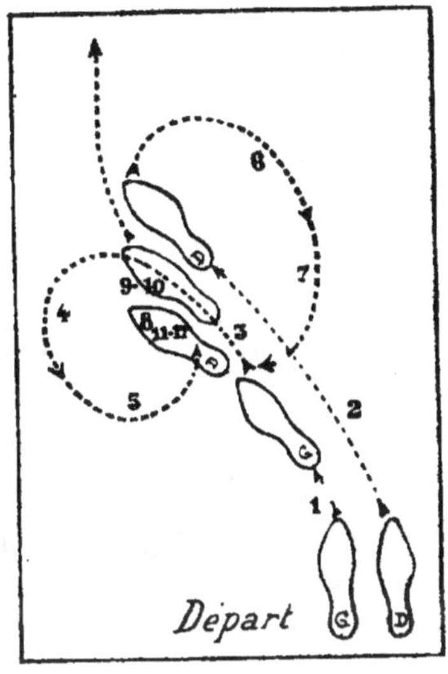

Fig. 2

et reste en appui sur le gauche ; — *2 temps* : porter le pied droit en arrière, en tournant à droite ; — *2 temps* : toujours en tournant, porter le gauche en arrière ; à ce moment, le danseur a fait un demi-tour.

(Fig. 4) — *2 temps* : Nouveau rond de jambe du pied droit d'avant à arrière et le terminer en croisant derrière le gauche, avec appel sur le droit, prendre

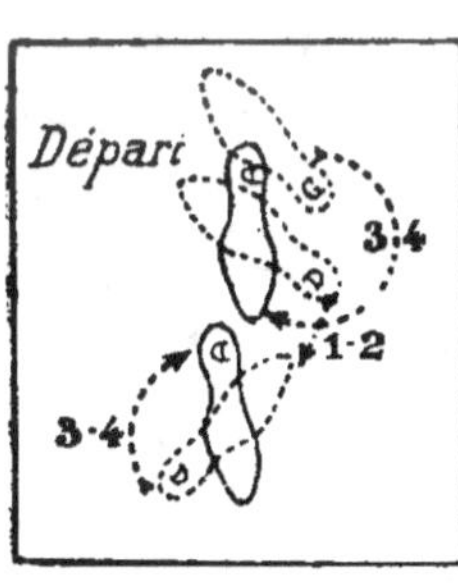

Fig. 3

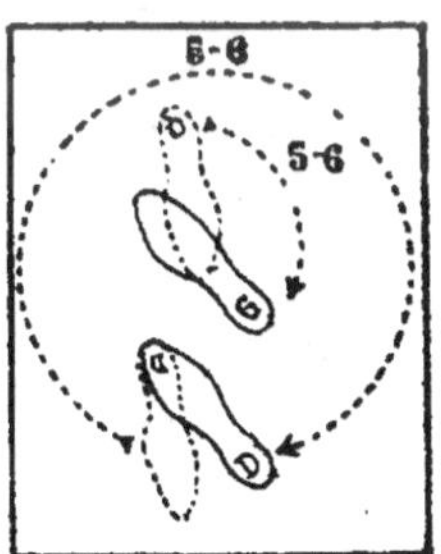

Fig. 4

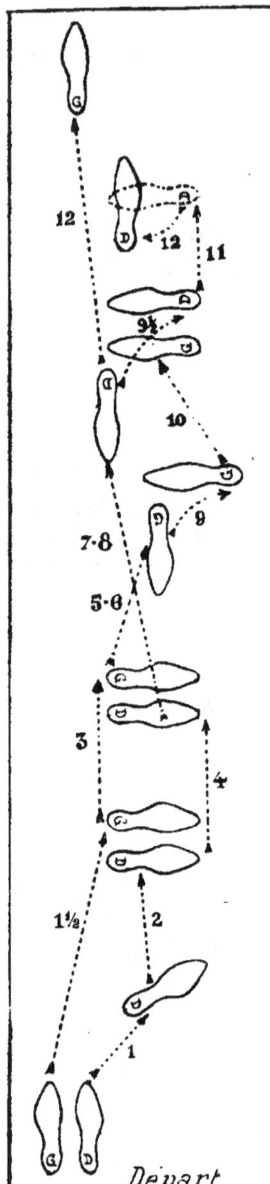

Fig. 5

de suite appui sur le gauche et, comme le danseur a continué à tourner pendant le rond de jambe, il reprend la marche en avant avec le droit.

Le Chassé en tournant - (fig. 5). — *1 temps* : Un pas du pied droit en avant, en tournant à droite d'un quart de tour ; — *1/2 temps* : porter le pied gauche à gauche ; — *1/2 temps* : rapprocher le droit du gauche sans assembler ; — *1 temps* : porter le gauche à gauche ; — *1 temps* : assembler le droit au gauche ; — *2 temps* : porter le gauche à gauche en tournant à droite ; — *2 temps* : porter le pied droit en arrière en tournant à droite d'un quart de tour ; — *1 temps* : porter le pied gauche en arrière en tournant d'un quart de tour à droite ; — *1/2 temps* : porter le pied droit de côté ; — *1/2 temps* : rapprocher le gauche du droit sans assembler ; — *1 temps* : porter le pied droit de côté ; — *1 temps* : porter le pied gauche en avant.

Le Baltimore-Black - (fig. 6).

— *1 temps* : Porter le pied gauche de côté. Prendre appui dessus la hanche avançant avec le pied, épaule gauche plus haute que la droite ; — *1 temps* : rapprocher le pied droit du gauche, lever en même temps le talon gauche et prendre appui sur le droit ; — *3ᵉ, 4ᵉ, 5ᵉ et 6ᵉ temps* : recommencer encore deux fois le pas ; — *2 temps* : faire deux appels du pied gauche à la même place, en tournant d'un quart de tour à droite ; — *2 temps* : lever le pieddroit ; — *2 temps* : poser le pied droit à terre ; — *2 temps* : avancer le pied gauche, faire un demi-tour par un mouvement de Black Bottom ; — *2 temps* :

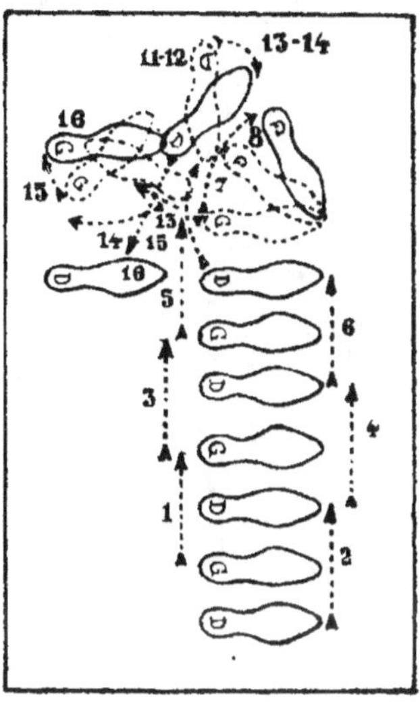

Fig. 6

porter le pied droit de côté pour reprendre la position de profil.

CHARLESTON-FLATT

Battements 160 à la Noire
Mesure en C barré, à 2/4

Pas de Flatt - (fig. 1). — *1 temps* : Les deux pieds assemblés, plier légèrement les genoux en soulevant le pied gauche ; — *1 temps* : en redressant les jambes, porter le pied gauche à gauche.

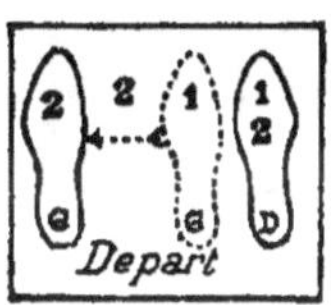

Fig. 1

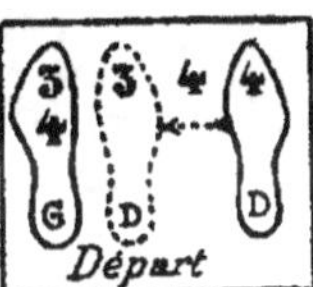

Fig. 2

(Fig. 2). — *1 temps* : Nouvelle flexion en soulevant le pied droit ; —

1 temps : redresser les jambes en assemblant le droit au gauche. Recommencer du pied opposé. Pour avancer au deuxième tour, porter le pied gauche en biais (fig. 3) ou en avant (fig. 4).

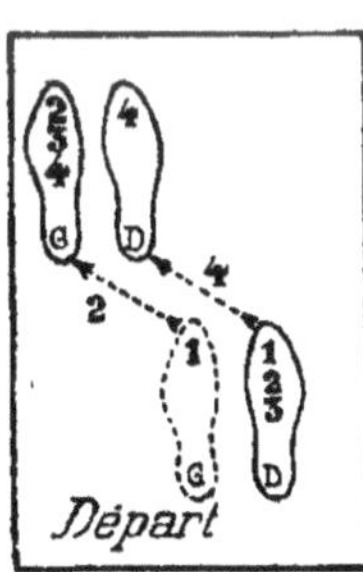

Fig. 3

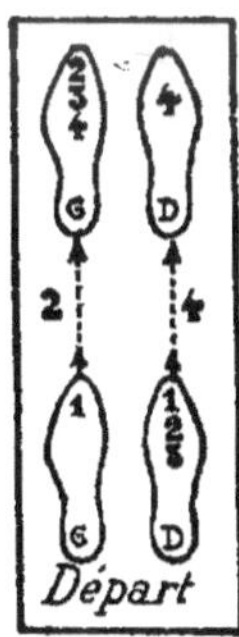

Fig. 4

Pas croisé - (fig. 5). — *1 temps* : Flexion en soulevant le pied gauche ; — *1 temps* : porter le gauche en avant ; — *1 temps* : flexion en soulevant le droit ; — *1 temps* : redresser les jambes en croisant le pied droit derrière le gauche.

(Fig. 6). — *1 temps* : Flexion en soulevant le droit ; —
1 temps : en redressant les jambes, porter le droit en arrière ;
— *1 temps* : flexion en soulevant le gauche ; — *1 temps* :
redresser les jambes en croisant le gauche devant le droit.

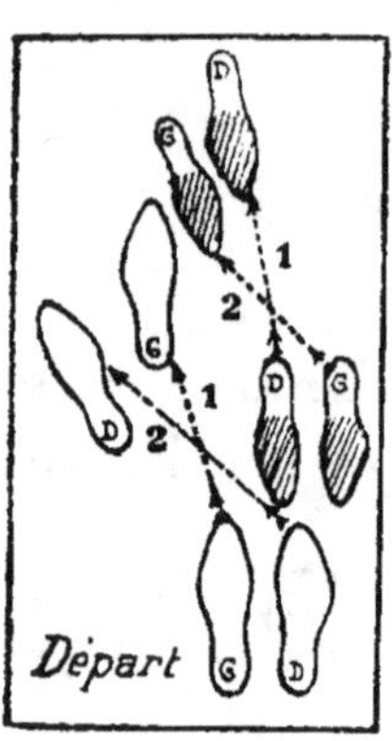

Fig. 5

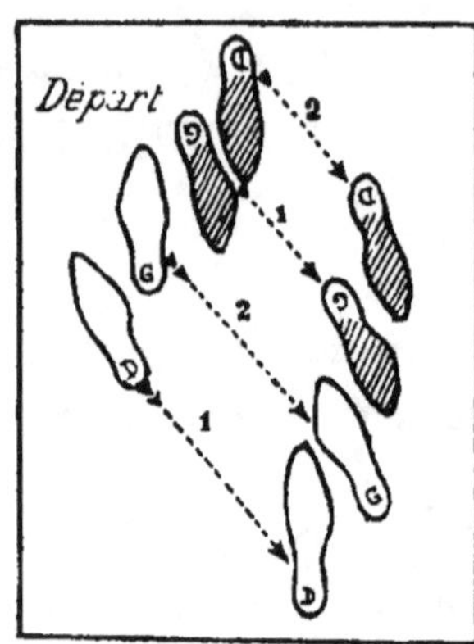

Fig. 6

Tous les pas de Charleston peuvent s'exécuter en Flatt,
c'est-à-dire sans tourner les pieds.

Le Fox-Trot se fait également en ce moment avec l'allure
Flatt.

NEW-SLOW-FOX

Battements 160 à la Noire
Mesure à quatre temps

La marche. — Marche souple, deux pas par temps.

Pas courus. — *1er temps* : Un petit pas du pied gauche en avant ; — *2e temps* : un petit pas du droit en avant ; — *3e et 4e temps* : un grand pas du gauche en avant. Reprendre du droit. Ces pas peuvent aussi se faire en tournant à gauche ou à droite ; en avant ou en arrière, vous pouvez prendre une marche sinueuse.

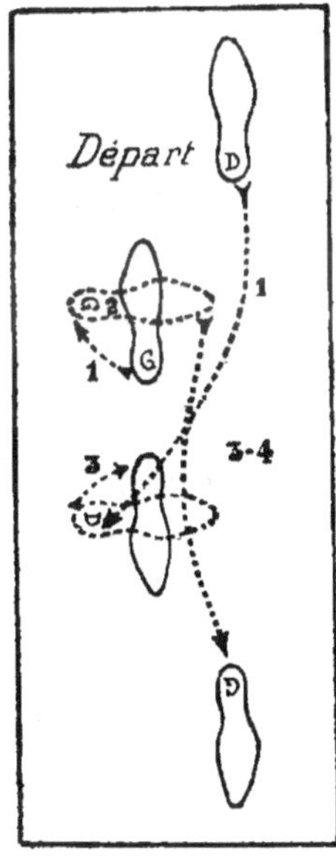

Fig. 1

Pas de reprise - (fig. 1). — *1er et 2e temps* : Etant en position arrière, le danseur porte le pied droit de côté, en tournant d'un quart de tour à droite ; — *3e et 4e temps* : en exécutant un deuxième quart de tour à droite, portant le pied gauche en avant, en frôlant le droit pendant le mouvement.

Le déboité anglais - (fig. 2). — *2 temps* : un pas du pied gauche en avant, en déboîté, un peu face à gauche ; — *1 temps* : porter le pied droit à droite ; — *1 temps* : assembler le gauche au droit ; — *1 temps* : porter le droit en avant en déboîté, face à gauche ; — *1 temps* : balancer le pied gauche en avant ; — *1 temps* : porter le pied gauche en arrière ; — *1 temps* : as-

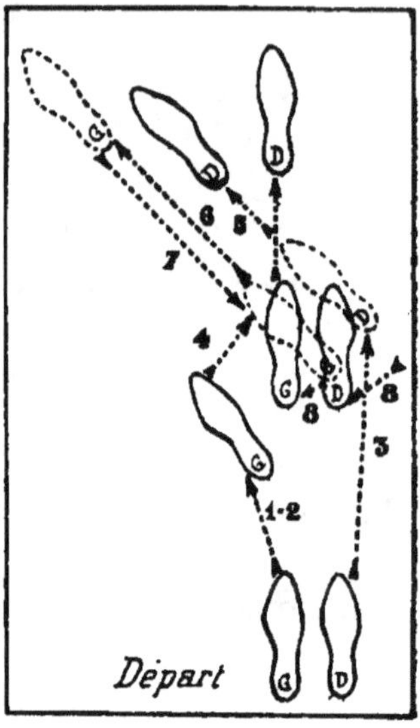

Fig. 2

sembler le droit au gauche, face en avant, reprendre la marche du pied gauche en avant.

Le croisé déboité - (fig. 3). — *2 temps* : un pas du pied gauche en avant, un peu déboîté et un peu tourné à gauche ; — *1 temps* : un pas à droite du pied droit ; — *1 temps* : assembler le gauche au droit ; — *2 temps* : croiser

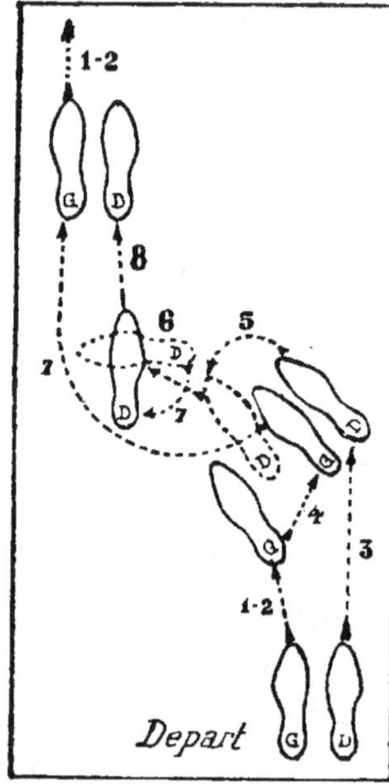

Fig. 3

le droit devant le gauche, sans le poser à terre ; la danseuse en déboîté croise le gauche derrière le droit ; — *2 temps* : un pas en avant du droit vers le centre de la salle ; — *1 temps* : porter le pied gauche en avant, face à la direction de la danse ; — *1 temps* : assembler le droit au gauche ; — *2 temps* : reprendre la marche du gauche.

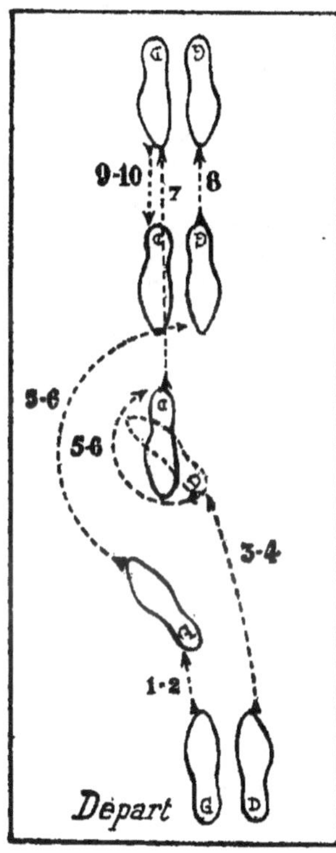

Fig. 4

Le double changement de pied déboîté - (fig. 4). — *2 temps* : porter le gauche en avant en déboîté ; — *2 temps* : porter le droit en avant en déboîté ; — *2 temps* : faire un

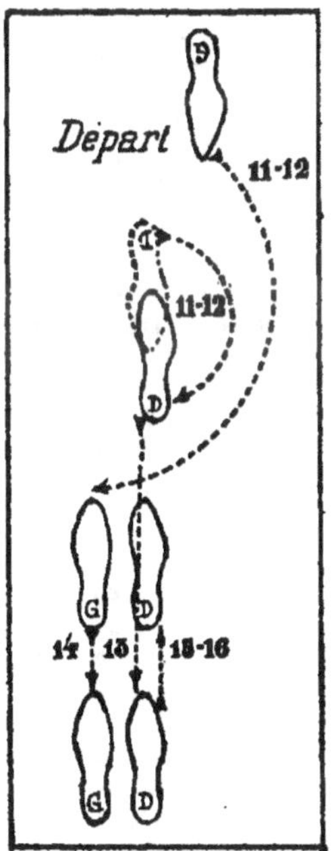

Fig. 5

demi-tour en pivotant sur le pied droit et en posant le gauche en arrière ; — *1 temps* : porter le droit en arrière ;

— *1 temps* : assembler le gauche au droit ; — *2 temps* porter le droit en avant ;

(Fig. 5). — *2 temps* : demi-tour sur le pied droit en posant le gauche en arrière ; — *1 temps* : porter le droit en arrière ; — *1 temps* : assembler le gauche au droit ; — *2 temps* : porter le droit en avant, reprendre la marche du gauche en avant.

Le Balancé de profil - (fig. 6). — *2 temps* : porter le pied gauche en avant en déboîté et un peu face à gauche ; — *1 temps* : porter le pied droit à droite en revenant face en avant ; — *1 temps* : porter le gauche de côté, en tournant d'un quart de tour à droite ; — *2 temps* : croiser le pied droit devant le gauche ; — *1 temps* : décroiser le gauche ; — *1 temps* : croiser le droit ; — *2 temps* : décroiser le gauche ; — *2 temps* : balancer sur le droit ; — *2 temps* : balancer sur

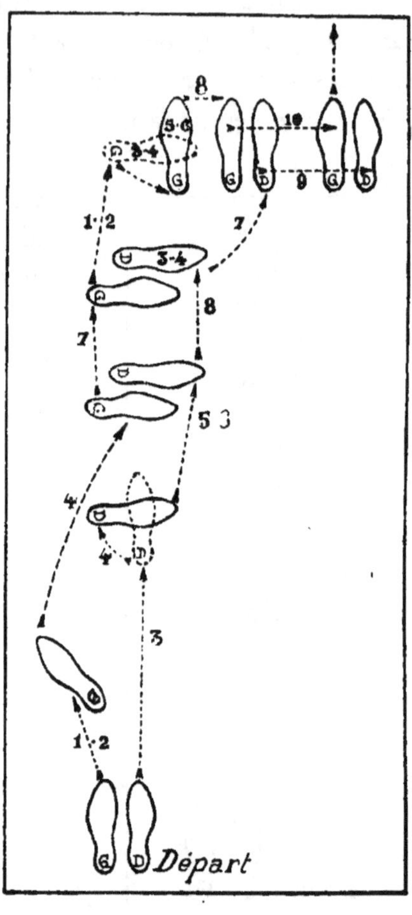

Fig. 6

le gauche en se replaçant face en avant ; — *1 temps* : porter
le droit à droite à la hauteur du gauche ; — *1 temps* :
assembler le gauche au droit ; — *1 temps* : reporter le droit à
droite ; — *1 temps* : un battu du gauche au droit et reprendre
la marche du gauche.

Le demi-tour à gauche Habanera - (fig. 7). —

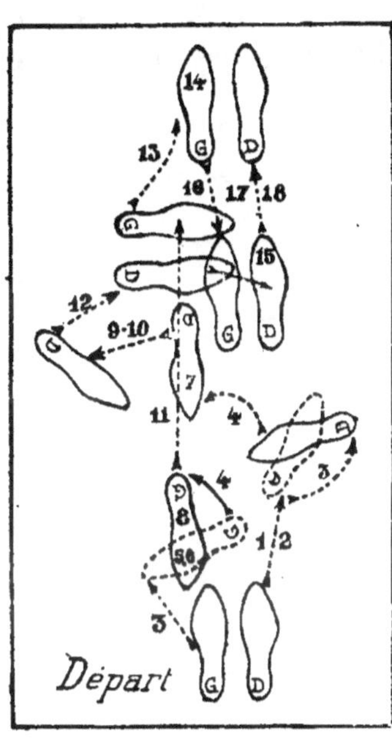

Fig. 7

2 temps : porter le pied droit
en avant, légèrement face à
droite ; — *1 temps* : un pas
du pied gauche à gauche, en
tournant face à gauche ; —
1 temps : poser le pied droit
en arrière, le danseur tournant
le dos à la direction de la
danse ; — *2 temps* : poser le
gauche à terre en avant ; —
1 temps : le droit en arrière ;
— *1 temps* : le gauche en
avant ; — *2 temps* : en tournant à gauche, porter le pied
droit en arrière ; — *1 temps* :
porter le gauche à gauche ; —
1 temps : assembler le droit au
gauche ; — *1 temps* : porter
le gauche en avant, dans la direction de la danse ; — *1 temps* :
porter le droit en arrière ; — *1 temps* : porter le gauche à côté
du droit ; — *2 temps* : porter le droit en avant.

Le Jazz changement de pied en tournant - (fig. 8).

— *1 temps* : porter le pied gauche de côté, en tournant à

droite d'un quart de tour ; — *1 temps* : assembler le droit au gauche, en tournant d'un autre quart de tour à droite ; — *2 temps* : porter le gauche en arrière ; — *1 temps* : porter le pied droit en arrière ; — *1 temps* : assembler le gauche au droit ; — *2 temps* : porter le pied droit en avant, recommencer le tout pour revenir face en avant et faire un demi-tour pendant l'exécution du changement de pied.

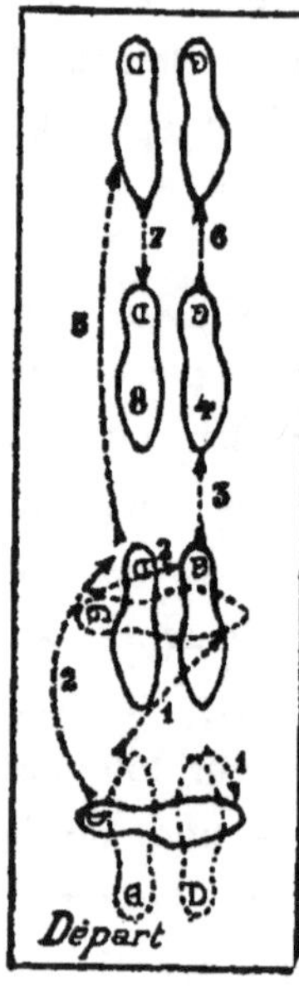

Fig. 8

TABLE DES MATIÈRES

11934—1—29 Imp. E. VEILLON, 1, rue Péligot, Enghien-les-Bains

www.ingramcontent.com/pod-product-compliance
Lightning Source LLC
LaVergne TN
LVHW021644170726
843501LV00007B/2419